DIESES BUCH GEHÖRT:

www.ingramcontent.com/pod-product-compliance
Lightning Source LLC
Chambersburg PA
CBHW021842170526
45157CB00007B/2892
* 9 7 8 1 0 7 4 7 4 3 7 2 7 *